FORMULAIRE GÉNÉRAL
DES ACTES DE L'ÉTAT CIVIL

ADOPTÉ

PAR LA COMMISSION DE L'ÉTAT CIVIL

INSTITUÉE AU MINISTÈRE DE LA JUSTICE.

(Arrêtés en date des 17 juillet et 25 novembre 1911, 2 décembre 1918, 24 janvier et 22 février 1919.)

CHAPITRE PREMIER.

DISPOSITIONS COMMUNES À TOUS LES ACTES DE L'ÉTAT CIVIL.

A. — Pour tous les actes compris dans le présent Formulaire, la Commission [1] a rédige des formules-types. Tous les prénoms et noms employés par la Commission sont de fantaisie : les noms sont tantôt des noms patronymiques banaux, tantôt des noms de localités pris au hasard dans le dictionnaire des communes et pouvant passer pour des noms patronymiques.

---

[1] La Commission est composée de :

MM. Bruman, conseiller d'État, *président*.
Édouard Lévy, sténographe-reviseur du Sénat, docteur en droit, *secrétaire* et *rapporteur*.
Biré, secrétaire-chef des bureaux de la Mairie du XVe arrondissement de Paris.
Bouxin, contrôleur administratif des services du gaz et de l'électricité à la Préfecture de la Seine.
Cormeray, sous-directeur au Ministère de la Justice.
Dubucquoy, chef de bureau honoraire à la Préfecture de la Seine.
Garcement, greffier de l'état civil au Tribunal de la Seine.
George, substitut de la 4e section du parquet du Tribunal de la Seine.
Grandjean, conseiller à la Cour d'appel de Paris.
Jayot, directeur de l'inspection générale et des transports en commun à la Préfecture de la Seine.
Meunier, chef des bureaux de la Mairie de Nanterre, président de l'Association des secrétaires de mairie de la Seine.
Vivier, rédacteur au Ministère de la Justice.

B. — La Commission n'a pu prévoir toutes les hypothèses : elles sont innombrables, surtout pour l'acte de mariage. Elle a simplement arrêté des formules pour les cas les plus usuels; les maires trouveront avantage à ne s'en écarter qu'en cas de nécessité absolue, après en avoir référé au parquet.

C. — Les personnes dont la loi exige l'intervention à l'acte ont seules le droit de le signer : l'officier de l'état civil ne doit permettre à aucune autre personne de signer l'acte.

D. — La Commission s'est demandé si les prénoms et noms des officiers de l'état civil devaient être nécessairement mentionnés. En effet, cette mention offre un inconvénient indéniable : lorsque meurt un maire ou un adjoint chargé de l'état civil, il n'est pas rare que les registres contiennent des actes non signés de lui et portant néanmoins son nom dans le corps de l'acte. Dans les deux premiers tiers du siècle dernier, plusieurs mairies parisiennes libellaient ainsi leurs actes de naissance et de décès : « Par-devant Nous, adjoint au maire, officier de l'état civil du . . .ᵉ arrondissement de Paris », sans autre désignation.

La Commission n'a pas cru que ce précédent lui permettait de transgresser les dispositions impératives de l'article 34 du Code civil, mais elle a décidé que le nom du maire figurerait à la fin de l'acte, pour permettre de ne l'énoncer qu'au moment où sa signature serait apposée.

E. — On ne doit laisser *aucun blanc* dans le corps des actes; en conséquence, les actes ne doivent pas être divisés en alinéas.

F. — *Aucune date* ne doit être mise *en chiffres* (art. 42 du Code civil); mais on peut exprimer en chiffres les numéros des maisons, des régiments, etc.

G. — En ce qui concerne les *professions :*

1° Pour les enfants âgés de moins de treize ans, la mention « *sans profession* » est superflue;

2° Lorsque le mari et la femme exercent la même profession (domestiques, concierges, ouvriers ou employés dans la même maison ou dans des maisons similaires), il suffi d'énoncer une seule fois cette profession, avec le signe du pluriel, après la désignation des deux époux;

3° Aucune profession ne doit être indiquée pour les personnes déjà décédées, si ce n'est, dans l'acte de décès, pour celui qui vient de mourir. L'observation s'applique surtout aux parents et grands-parents.

H. — En ce qui concerne le *domicile,* aucun domicile ne doit être indiqué pour les personnes déjà décédées, sauf la restriction indiquée ci-dessus pour la profession.

Lorsque le domicile est un hameau ou une habitation isolée, on doit indiquer, la première fois qu'il figure dans l'acte, la commune dont il fait partie.

Les mots *domiciliés à . . .* (et non *demeurant à . . .*) doivent toujours être employés en ce qui concerne les déclarants, les contractants et les ascendants. Pour les témoins, les mots *domiciliés à . . .* sont inutiles; ex. : cultivateur à Aubazine, ou, relieur, 4, place Sainte-Croix, à Loudun.

I. — En ce qui concerne les villes de Paris et de Lyon, l'indication de l'arrondissement n'est nécessaire dans le corps des actes que si la rue et le numéro de la maison ne sont pas indiqués (ex. : le lieu de naissance du père qui reconnaît un enfant naturel).

J. — En ce qui concerne la *nationalité,* les mots «*de nationalité belge*», «*sujet italien*», etc., doivent être évités. Il n'appartient pas à l'officier de l'état civil de se faire le juge, et encore moins le garant de la nationalité des personnes désignées par lui dans les actes de l'état civil.

K. — En ce qui concerne l'*âge,* il doit, en principe, être indiqué par les mots : « . . . *ans*». Toutefois, dans les hypothèses qui seront énumérées plus loin, la formule sera : «*né à . . . le . . .*».

L. — En ce qui concerne les *prénoms,* ils doivent précéder et non suivre le nom patronymique (art. 34, 57, 63, 71, 76, etc. du Code civil). Il ne devra y avoir de trait d'union entre deux prénoms que s'ils forment, par leur réunion, un prénom unique. Ex. : Jean-Baptiste, Marie-Louise, mais non Édouard-Edmond, à moins que telle n'ait été la volonté formelle du déclarant lors de l'établissement de l'acte de naissance.

M. — Les *témoins* des actes de l'état civil peuvent être de l'un ou de l'autre sexe, Français ou non; depuis la loi du 27 octobre 1919, un mari et sa femme peuvent être témoins dans le même acte. Seules les personnes âgées de moins de vingt et un ans révolus n'ont pas la capacité nécessaire pour être témoins.

N. — *Les heures* se comptent de zéro heure (minuit) à 23 heures 59 : les mots «*du matin*», «*du soir*» sont inutiles. L'heure exacte doit toujours être indiquée et non une heure approximative, en nombre rond. Bien que les actes de mariage soient préparés la veille de la célébration, les heures indiquées doivent être les heures réelles des célébrations et non des heures correspondant à l'ordre dans lequel les actes se succèdent sur les registres.

O. — L'indication des *divisions géographiques* (département, arrondissement et canton) relatives à la commune où l'acte est reçu devra être portée une fois pour toutes en tête du registre. Il est inutile de la reproduire dans le corps de chaque acte; on la portera sur chaque expédition, en tête et à gauche de la première feuille, que la délivrance en soit faite à la mairie ou au greffe du tribunal.

P. — La Légion d'honneur, la Médaille militaire et la Croix de guerre devront, à l'exclusion de toute autre décoration, être indiquées obligatoirement pour toute personne nommée dans un acte de l'état civil : officier de l'état civil, partie, déclarant ou témoin.

Les décorations ci-dessus énumérées doivent être mentionnées dans les actes de décès même si elles ont été conférées au défunt après sa mort; si elles lui sont conférées postérieurement à l'établissement ou à la transcription de l'acte de décès, leur indication dans l'acte peut résulter d'une rectification (judiciaire ou administrative).

CHAPITRE II.

DÉSIGNATION DE L'OFFICIER DE L'ÉTAT CIVIL.

A Paris, la formule est invariable, les adjoints ayant, comme le maire, qualité personnelle d'officier de l'état civil.

Hors Paris, la formule variera suivant les cas.

A. — MAIRE.

Nous, Adrien Chennevières, maire de Saint-Lubin-de-Cravant,...

B. — ADJOINT.

Délégation du maire.

1° Nous, Adrien Chennevières, adjoint au maire de Chéroy, officier de l'état civil par délégation,...

Maire absent ou empêché.

2° Nous, Adrien Chennevières, adjoint au maire de Chéroy, officier de l'état civil en l'absence (ou par empêchement) du maire,...

Maire décédé, démissionnaire ou révoqué.

3° Nous, Adrien Chennevières, adjoint au maire de Chéroy, officier de l'état civil à défaut de maire,...

Second adjoint.

4° Nous, Adrien Chennevières, deuxième adjoint au maire de Limoges, officier de l'état civil en l'absence du maire et par empêchement du premier adjoint,...

Adjoint spécial.

(Art. 75 de la loi du 5 avril 1884.)

5° Nous, Adrien Chennevières, adjoint spécial au maire de Châteaumont, pour la section de la Fourche,...

C. — Délégué provisoire.

(Art. 44 de la loi municipale de 1884.)

Nous, Adrien Chennevières, président de la délégation provisoire, officier de l'état civil de la commune de Rovercourt,...

D. — Conseiller municipal.

Délégation du maire.

Nous, Adrien Chennevières, conseiller municipal de la Seyne-sur-Mer, officier de l'état civil par délégation du maire, et en l'absence (ou par empêchement) de l' (ou des) adjoint(s),...

Délégation du préfet.

Nous, Adrien Chennevières, conseiller municipal de la Seyne-sur-Mer, officier de l'état civil par délégation du préfet,...

E. — Agents diplomatiques ou consulaires.

Nous, (prénoms et noms)	ambassadeur ministre consul vice-consul	de France à..., officier de l'état civil,...

Dans cette hypothèse, les mots «*en notre maison commune*» seront remplacés par «*en la Chancellerie de notre poste*» pour la célébration des mariages.

La Commission se réfère aux Ministres compétents (Guerre et Marine) pour la désignation des officiers de l'état civil prévus aux articles 59, 86, 87 et 93 du Code civil, lesdits articles visant des cas exceptionnels.

Dans toutes les formules qui suivront, on supposera que l'officier de l'état civil est le maire de la commune.

CHAPITRE III.

ACTES DE NAISSANCE.

I. — Enfants légitimes.

A

Pour l'acte de naissance des enfants légitimes, la Commission a adopté la formule suivante :

COMMUNE ET CANTON
DE
FRESNAY-SUR-SARTHE.
—
Arrondissement de Mamers.
Département de la Sarthe.

Le dix-huit juin mil neuf cent vingt, vingt-trois heures quarante minutes, est né, place de l'Église, Jean Jacques André, du sexe masculin, de Louis Paul Bonnard, trente ans, cultivateur, et de Augustine Carré, vingt-deux ans, sans profession, son épouse, domiciliés à la ferme de Féougoux, à Saint-Léonard-des-Bois. Dressé le dix-neuf juin mil neuf cent vingt, dix heures, sur la déclaration du père...

ou

de Pierre Adrien Perrot, quarante-trois ans, docteur en médecine, domicilié à la Poôté (Mayenne),

ou

d'Eulalie Boivin, trente-neuf ans, sage-femme, domiciliée à la Poôté (Mayenne),

ou

de Nicolas Auguste Parent, trente-trois ans, maréchal-ferrant, domicilié à Fresnay-sur-Sarthe,

} ayant assisté à l'accouchement.

ou

de Louise Mathurine Aubry, veuve Clément, soixante ans, sans profession, au domicile de laquelle l'accouchement a eu lieu.

En présence de Charles Nicolas Louis Fournier, cordonnier à Saint-Léonard-des-Bois, et de François Michel Lecomte, aubergiste à la Poôté, qui, lecture faite, ont signé avec le déclarant et Nous, Victor Alfred Duval, maire de Fresnay-sur-Sarthe.

Observations. — 1° Pour éviter les confusions qui se produisaient fréquemment entre la date de la réception de l'acte et celle de la naissance de l'enfant, il a été décidé que cette dernière figurerait obligatoirement en tête de l'acte, la date de la réception devant être reportée dans le corps de la formule.

2° La date du mariage des parents ne doit pas être indiquée dans l'acte de naissance de l'enfant. Cette énonciation, qui d'ailleurs n'est pas prescrite par le Code civil, est de nature à préjudicier aux intéressés lorsque la naissance ne suit la célébration du mariage que de quelques mois ou lorsqu'il s'agit d'enfants légitimés, la date du mariage ne pouvant alors être ajoutée dans les expéditions que par suite de la mention marginale.

3° Il est inutile de dire que l'enfant est né *en cette commune*, puisque l'acte de naissance ne peut être reçu, sauf à être transcrit ailleurs ultérieurement dans certains cas, que dans la commune où la naissance a eu lieu. Il suffit d'indiquer la rue, le numéro, le hameau, le lieudit, la ferme, etc. Il est, au contraire, nécessaire d'indiquer, le cas échéant, que les parents sont domiciliés *en cette commune*, le domicile des parents ne se confondant pas nécessairement avec le lieu de naissance de l'enfant.

Lorsque le domicile des parents se confond avec le lieu de naissance, il pourra être indiqué par les mots : *domiciliés comme dessus.*

4° Par exception à la règle générale de l'article 34 du Code civil, l'article 57 permet de ne pas indiquer l'âge des témoins dans l'acte de naissance.

5° Les mots « *premier jumeau* », « *deuxième jumeau* », doivent être placés, s'il y a lieu, après les mots : *du sexe masculin* (ou *féminin*). Un acte de naissance distinct doit être dressé pour chaque jumeau.

6° Lorsque la naissance de l'enfant est postérieure à la mort de son père, la formule est ainsi modifiée :

...du sexe masculin, fils posthume de Louis Paul Bonnard, décédé le six mai mil neuf cent vingt, à Sillé-le-Guillaume, et de Augustine Carré, vingt-deux ans, sans profession, sa veuve, domiciliée à la ferme de Féougoux, à Saint-Léonard-des-Bois. Dressé le premier juillet mil neuf cent vingt, sur la déclaration de...

II. — Enfants naturels.

B

Si l'enfant naturel est reconnu dans son acte de naissance par le père qui fait la déclaration, il faudra :

1° Mentionner, s'il y a lieu, le domicile du père, et, plus loin, le domicile — différent — de la mère;

2° Mettre, après l'indication de la profession et du domicile du père, les mots « *qui déclare le reconnaître* »;

3° Supprimer les mots « *son épouse* ».

C

Si l'enfant naturel n'est pas reconnu par son père, la formule est :

...de Augustine Carré, née à Saint-Paterne le six juin mil huit cent quatre-vingt huit, épicière, domiciliée, etc...

Les mots « *et de père non dénommé* » sont inutiles, l'énonciation du nom de la mère seule suffit pour établir que le père naturel ne s'est pas fait connaître.

Il est bien entendu que l'indication du nom de la mère dans l'acte de naissance n'équivaut pas à une reconnaissance faite par la mère, et l'officier de l'état civil doit avertir le déclarant de l'utilité d'une reconnaissance ultérieure par celle-ci.

D

Si l'enfant a été reconnu par son père dans l'acte de naissance sans que la mère soit désignée, la formule sera :

...de Louis Paul Bonnard, né à Saint-Paterne le six juin mil huit cent quatre-vingt huit, cultivateur, domicilié en notre commune, qui déclare le reconnaître. Dressé, etc...

E

Si le déclarant de la naissance n'indique ni le père, ni la mère de l'enfant, la formule sera :

...de père et mère non dénommés...

F

Si les parents de l'enfant l'ont reconnu antérieurement à la naissance, la formule est :

. . .de. . ., et de. . . , lesquels l'ont reconnu le (date)

en cette mairie. . .

ou

à la mairie de la commune de X. . .

ou

par devant Me Z. . ., notaire à W. . .

Observation. — En ce qui concerne l'indication, dans l'acte de naissance, de l'âge des parents de l'enfant naturel, on trouvera dans le chapitre ci-après des explications.

III. — Enfants trouvés.

G

Il est impossible de donner une formule unique pouvant s'appliquer à toutes les hypothèses où un enfant trouvé est déclaré à l'officier de l'état civil; la Commission s'est bornée à arrêter une formule conforme aux prescriptions de l'article 58 du Code civil et susceptible d'être employée dans le cas le plus fréquent :

Le douze novembre mil neuf cent vingt, treize heures, Jean Paul Bouillot, trente-cinq ans, puisatier, domicilié 29 rue Mission-de-France, à Marseille, Nous a présenté un enfant du sexe masculin, paraissant âgé de deux mois environ, qu'il déclare avoir trouvé aujourd'hui, cinq heures, sous le porche de l'immeuble n° 66 rue des Dominicaines.

(Description de l'enfant, de ses vêtements, énumération de toutes les circonstances de nature à permettre ultérieurement son identification.)

Nous avons donné à cet enfant les prénoms de Frédéric Octave et le nom de Mirey, et l'avons remis ce jour même à M. le Commissaire de police de. . . , etc.

Dont procès-verbal dressé en présence de Pierre Jules Carcaneiro, trente-quatre ans, marchand de coquillages, 12 quai Rive-Neuve, à Marseille, et de Paul Auguste Bastieri, cinquante-deux ans, chapelier, 26 rue Farjon, à Marseille, qui, lecture faite, ont signé avec le déclarant et Nous, Clovis Albert Desjoncherets, maire de Marseille.

(Signatures.)

CHAPITRE IV.

RECONNAISSANCE D'ENFANTS NATURELS.

1

Formule de reconnaissance postérieure à la naissance de l'enfant :

MAIRIE
du
VIe ARRONDISSEMENT
DE PARIS.

Le vingt-cinq juin mil neuf cent vingt, seize heures, Louise Durand, née à Clamart (Seine), le trois mai mil huit cent quatre-vingt-neuf, brocheuse, demeurant à Paris, 55 quai des Grands-Augustins, a déclaré reconnaître pour son fils un enfant né à Corancy (Nièvre) le douze décembre mil neuf cent onze et inscrit sous les noms de Jacques Lucien, fils de Louise Durand.

En présence de... et de ..., qui, lecture faite, ont signé avec la déclarante et Nous, Pierre Roux, adjoint au maire du VIe Arrondissement de Paris.

OBSERVATIONS.

A. — Il a paru nécessaire d'indiquer d'une façon précise le lieu et la date de la naissance des père et mère de l'enfant naturel. Souvent, cet enfant, devenu majeur, n'a pour retrouver ses parents que les indications de l'acte de reconnaissance. Le père ou la mère qui reconnaît formellement son enfant n'a pas l'intention de lui dissimuler son état civil véritable; il importe de préciser.

Pour la même raison, les dates et lieux de naissance des parents qui reconnaissent leur enfant devront être indiqués lorsque la reconnaissance sera comprise dans l'acte de naissance.

B. — Il est inutile de mentionner le sexe de l'enfant déjà indiqué dans l'acte de naissance.

C. — La même formule peut encore servir lorsque la

reconnaissance est faite simultanément par le père et par la mère.

Elle peut également servir lorsque l'enfant, reconnu par sa mère depuis l'établissement de l'acte de naissance, vient à être reconnu plus tard par son père, ou inversement. La mère qui a déjà reconnu son enfant peut servir de témoin dans l'acte de reconnaissance par le père, ou inversement.

D. — Une reconnaissance d'enfant naturel peut être faite devant n'importe quel officier de l'état civil, quel que soit le lieu de naissance de l'enfant ou le domicile du père ou de la mère.

E. — Lorsque l'acte de naissance de l'enfant n'aura pas été dressé dans le délai légal et que la naissance a été constatée par un jugement ultérieurement transcrit, la formule sera :

... né à Corancy (Nièvre) le douze décembre mil neuf cent onze et inscrit sur les registres de cette commune le quinze septembre mil neuf cent treize, sous les noms de..., etc.

F. — Lorsque la reconnaissance est faite en vertu d'une procuration (art. 36 du Code civil), la formule sera :

Le vingt-cinq juin mil neuf cent vingt, dix heures, Stanislas André Berthier, trente-cinq ans, menuisier, domicilié à Paris, 8 rue de Savoie, agissant en vertu d'une procuration spéciale et authentique, a déclaré que Louise Durand, née à Clamart (Seine), le trois mai mil huit cent quatre-vingt-neuf, brocheuse, domiciliée à Paris, 55 quai des Grands-Augustins, reconnaît pour son fils un enfant né à..., etc. (*la suite comme ci-dessus*).

G. — Il peut n'être dressé qu'un seul acte pour la reconnaissance simultanée de plusieurs enfants naturels par les parents.

H. — La légitimation d'enfants naturels ne peut jamais avoir lieu dans l'acte de célébration du mariage des père et mère (loi du 30 décembre 1915). Elle doit être faite soit par la reconnaissance du père et celle de la mère, successives ou simultanées, antérieures à la célébration de leur mariage, soit par la reconnaissance de tous deux au moment même de la célébration, sur le registre où sont dressés les actes de naissance.

Dans ce dernier cas, après les énonciations relatives au père et à la mère, la formule est :

..... dont le mariage vient d'être célébré en cette mairie, ont déclaré reconnaître en vue de la légitimation un enfant né..., etc.

Ce procédé est le seul légal pour les enfants adultérins dont la loi du 30 décembre 1915 autorise la légitimation.

I. — Lorsque la reconnaissance soit du père, soit de la mère, n'intervient qu'après la célébration de leur mariage, elle n'emporte légitimation qu'en vertu d'un jugement (art. 331, § 2, du Code civil).

Lorsque la reconnaissance ou la légitimation résultent d'un jugement, voir, pour la formule, le chapitre VIII.

J. — Formule de légitimation en vertu de la disposition transitoire (art. 6, § 2, de la loi du 30 décembre 1915) :

Le vingt-cinq juin mil neuf cent vingt, dix heures, Jules Benoit, etc., domiciliés à Paris, 55 quai des Grands-Augustins, dont le mariage a été célébré à Rouen le seize juillet mil neuf cent trois, ont déclaré reconnaître en vue de légitimation, par application de l'article 6, § 2, de la loi du trente décembre mil neuf cent quinze et de l'article 331, § 3, 2° (*ou 1°, ou 3°, suivant les cas*) du Code civil, un enfant né à..., etc.

Si on applique le 3° de l'article 331, § 3, il y aura lieu d'ajouter :

Jules Benoit a déclaré, en outre, n'avoir jamais eu d'enfants de son premier mariage (*ou* qu'il n'existe plus d'enfants de son premier mariage).

Observations. — Le délai ouvert pour profiter du bénéfice de l'article 6, § 2, de la loi de 1915 expire deux ans après la date de la fixation légale de la cessation des hostilités, c'est-à-dire le 23 octobre 1921.

2

Formules de reconnaissances antérieures à la naissance de l'enfant :

A. — Le vingt-cinq juin (*comme dans la formule qui se trouve en tête du chapitre*), Louise Durand, etc., a déclaré reconnaître pour son ou ses enfants le ou les enfants dont elle se déclare actuellement enceinte. En présence de...

B. — Le vingt-cinq juin, etc., Jules Benoit, né à Paris (XVIIIe arrondissement), le sept octobre mil huit cent quatre-vingt-deux, typographe, domicilié à Paris, 17 rue de Nevers, et Louise Durand, etc., ont déclaré reconnaître dès à présent pour leur ou leurs enfants le ou les enfants dont Louise Durand déclare être actuellement enceinte. En présence de..., etc.

C. — Le vingt-cinq juin, etc., Jules Benoit, etc., a déclaré reconnaître dès à présent pour son ou ses enfants le ou les enfants dont il affirme que Louise Durand, etc., quai des Grands-Augustins, est actuellement enceinte. En présence de..., etc.

3

Formule de l'acte de reconnaissance d'un enfant dont l'acte de naissance n'a jamais été dressé :

... a déclaré reconnaître pour son fils (ou sa fille) un enfant dont l'acte de naissance n'a pas été dressé, né à..., le..., et désigné jusqu'ici sous les prénoms et nom de... En présence de..., etc.

Observation. — Un jugement devra ultérieurement tenir lieu d'acte de naissance de l'enfant.

CHAPITRE V.

ACTES DE DÉCÈS.

COMMUNE DE MONTALBA.

Arrondissement de Céret.
Pyrénées-Orientales.

Le quatorze mars mil neuf cent vingt, six heures, est décédé

en son domicile, lieudit le Mas Pagris, Pierre Armand Théodore Lefèvre,

ou

au lieudit le Mas Pagris, Pierre Armand Théodore Lefèvre, domicilié à Arles-sur-Tech (Pyrénées-Orientales),

métayer, fils,

de Pierre Jacques Lefèvre, décédé, et de Marie Jeanne Dupont, sa veuve, sans profession, domiciliée à Arles-sur-Tech,

ou

de père et mère dont les noms ne nous sont pas connus,

célibataire,

ou

époux de Rosalie Cordier,

ou

veuf de Rosalie Cordier,

ou

divorcé de Rosalie Cordier,

ou

marié, le nom de l'épouse ne nous étant pas connu,

ou

divorcé (ou veuf), le nom de l'épouse ne nous étant pas connu.

Dressé le quinze mars mil neuf cent vingt, quatorze heures, sur la déclaration de Pierre Henri Lefèvre, vingt-huit ans, ouvrier agricole, fils du défunt, et de Jean-Marie François Legrand, trente-six ans, cultivateur, voisin du défunt, tous deux domiciliés en cette commune, qui, lecture faite, ont signé avec Nous, Charles Daniel Roussel, maire de Montalba.

OBSERVATIONS.

A. — Pour la raison indiquée en ce qui concerne les actes de naissance, il convient que la date qui commence l'acte soit celle du décès et non celle de la réception de la déclaration.

B. — Il est inutile de dire que le décès a eu lieu *en cette commune*, puisque l'acte de décès ne peut être reçu, sauf à être transcrit ailleurs ultérieurement dans certains cas, que dans la commune où le décès s'est produit ou est présumé s'être produit. Il suffit d'indiquer la rue, le numéro, le hameau, le lieudit, la ferme, etc. Il en est ainsi même dans le cas des articles 81 et 82 du Code civil (mort violente); l'acte de décès ne doit alors différer en rien d'un acte ordinaire et il doit, avant tout, être inscrit à la mairie du lieu du décès ; le procès-verbal visé à l'article 82 ne doit pas être substitué à l'acte de décès normal.

Il est, au contraire, nécessaire d'indiquer, le cas échéant, que le décédé était domicilié *en cette commune*, le lieu du décès étant très souvent différent du domicile du défunt.

Lorsque le domicile du défunt se confond avec celui de

ses père et mère, l'acte portera : *est décédé au domicile de ses père et mère, lieudit le Mas Pagris* ; de ce fait, il sera inutile d'indiquer le domicile des père et mère après l'énonciation de leurs noms.

C. — L'article 79 du Code civil, faisant exception à la règle générale de l'article 34, énumère limitativement les mentions de l'acte de décès.

D. — Le lieu et la date de naissance du décédé devront être indiqués, chaque fois qu'ils seront connus des déclarants, avec le maximum de précision, de façon que toute confusion soit évitée.

E. — Si le décédé est un enfant légitime, le nom de la mère devra être suivi, selon les cas, des mots «*son épouse*», «*sa veuve*», ou «*époux décédés*».

F. — Si le décédé est un enfant naturel, le nom de la mère, indiqué dans l'acte de naissance, devra figurer dans l'acte de décès, même si elle ne l'a pas reconnu.

G. — L'indication «*célibataire*» est inutile si la personne décédée est une fille âgée de moins de quinze ans ou un garçon âgé de moins de dix-huit ans.

H. — Si les déclarants ne sont ni parents ni voisins du décédé (par exemple, pour le décès dans les hôpitaux), aucune mention superflue ne devra suivre leurs noms, telle que : «... *qui a dit être non parent ni voisin du défunt*», ou «*qui a dit être informé du décès*».

I. — Lorsque le défunt a été plusieurs fois marié, le nom de ses épouses successives doit être signalé, s'il est connu des déclarants : «*Veuf en premières noces de*..., *époux en secondes noces de*...» (art. 79 du Code civil).

J. — Il est inutile de signaler la date du ou des mariages du défunt.

K. — Les mots «*mort pour la France*» ne devront figurer

dans les actes de décès des personnes énumérées par la loi du 2 juillet 1915 que sur l'avis de l'autorité militaire (circ. minist. du 8 juillet 1915 et du 14 mai 1919).

L. — Si l'identité du défunt n'a pas été établie [1], la formule sera :

Le quatorze mars mil neuf vingt, six heures, un { individu *ou* enfant } du sexe masculin, dont l'identité n'a pu être établie, est décédé au lieu dit le Mas-Pagris. Le signalement est le suivant :

(Âge approximatif, taille, couleur des cheveux et de la barbe, description détaillée du corps et des vêtements, énumération de toutes les circonstances de nature à permettre ultérieurement l'identification).

Dressé le quinze mars mil neuf cent vingt, etc.

M. — Si la date du décès n'a pu être établie [2], la formule sera :

Le quinze mars mil neuf cent vingt, quatorze heures, Nous avons constaté le décès, paraissant remonter à quatre jours, de Pierre Armand Théodore Lefèvre, domicilié, etc.

Le corps a été trouvé { sur le territoire de notre commune *ou* au domicile du défunt.

Dressé le, etc.

N. — Si la date du décès ni l'identité du défunt n'ont été établies [3], la formule sera :

Le quinze mars mil neuf cent vingt, quatorze heures, Nous avons constaté le décès d'un { individu *ou* enfant } du sexe masculin, dont l'identité

---

[1] Il s'agit, par exemple, d'un blessé trouvé sur la voie publique, transporté à l'hôpital et mort sans avoir repris connaissance, ou de personnes mortes soit dans l'incendie d'un théâtre, d'un grand magasin, d'un local où se trouvait une réunion publique, etc., soit dans un accident de chemin de fer, un naufrage, une catastrophe quelconque, et dont les cadavres ne sont pas reconnus.

[2] Il s'agit, par exemple, d'un pendu dont l'identité est connue.

[3] Il s'agit, par exemple, d'un homme dont le cadavre est retiré de l'eau et paraît y avoir séjourné plusieurs jours. Dans ce cas, le lieu du décès est lui-même ignoré et l'acte est dressé dans la commune où le cadavre a été trouvé.

n'a pu être établie, et dont la mort paraît remonter à quatre jours. Le signalement est le suivant :

(Mêmes énonciations que dans le cas L, en précisant le lieu, le jour, l'heure et les circonstances dans lesquelles le cadavre a été trouvé).

Dressé le, etc.

FORMULE D'ACTE DE DÉCLARATION D'ENFANT SANS VIE.

COMMUNE DE SAINT-BRIEUC
(Côtes-du-Nord).

Le quinze mai mil neuf cent vingt, cinq heures vingt minutes, est accouchée d'un enfant présentement sans vie, 18 avenue Georges-Clemenceau,

Marie-Jeanne Dupont, vingt-cinq ans, sans profession, épouse de Pierre Jacques Kergonidel, vingt-neuf ans, papetier, domicilié 18 avenue Georges-Clemenceau, à Saint-Brieuc,

ou

une femme non dénommée.

Dresssé le quinze mai mil neuf cent vingt, quatorze heures, sur la déclaration

du mari de l'accouchée et de Léonard Yves Martinec, cinquante-cinq ans, restaurateur, domicilié 6 rue du 71ᵉ-Régiment-d'Infanterie, à Saint-Brieuc,

ou

de Léonard Yves Martinec, cinquante-cinq ans, et de Marie-Anne Douel, cinquante ans, son épouse, restaurateurs, domiciliés 6 rue du 71ᵉ-Régiment-d'Infanterie, à Saint-Brieuc,

qui, lecture faite, ont signé avec Nous, Philippe Lemarchand, maire de Saint-Brieuc.

OBSERVATION. — Dans cet acte, qui doit être dressé sur le registre des décès et non sur celui des naissances, les mots *né* et *naissance* doivent être évités.

CHAPITRE VI.

ACTES DE PUBLICATION DE MARIAGE.

COMMUNE DE MELUN.

—

Département
de Seine-et-Marne.

Publication de mariage devant être célébré en cette mairie

ou

à la mairie de Meaux,

entre Jean Louis Dubois, mécanicien, domicilié à Meaux, 8 rue Larrey, majeur, et Marguerite Jacquet, lingère, domiciliée à Melun, 21 rue Carnot, mineure.

Affichée le huit juillet mil neuf cent vingt, seize heures, par Nous, Jacques Henri Renaud, maire de Melun.

(Signature du maire.)

OBSERVATIONS.

1° Les futurs époux seront indiqués comme majeurs ou mineurs; leurs âges ne devront pas être mentionnés dans la publication (art. 63 du Code civil).

2° Pour chacun des futurs époux, le domicile et la résidence seront indiqués; mais, si les deux lieux se confondent, on mettra simplement «*domicilié à*. . . ».

Si le domicile n'a pas été d'une durée continue de six mois (art. 167 du Code civil), la formule sera :

«. . .*domicilié à*. . . *et précédemment à*. . .»; et, dans le dernier cas visé par l'article 167 : «*domicilié à*. . . *et précédemment à*. . ., *né à*. . .».

3° Il ne doit pas être fait mention, dans la publication, des précédents mariages des futurs conjoints, dissous par le veuvage ou le divorce.

4° La publication au domicile des père et mère, ou, au cas de décès de ceux-ci, au domicile des aïeules et aïeules, ne doit être faite que si le futur époux est mineur. Il n'y a pas lieu à publication supplémentaire dans la commune où se réunit le conseil de famille autorisant le mariage.

5° Le jour de la semaine où est faite la publication est

indifférent, il est inutile de le mentionner; il suffit que l'affiche reste apposée dix jours, même si dans ces dix jours il n'y a qu'un seul dimanche.

6° L'affiche de publication doit toujours être signée de l'officier de l'état civil. Elle doit être placée dans un lieu très apparent et, autant que possible, elle doit pouvoir être vue même des personnes qui n'entrent pas dans la mairie.

7° Copie de l'affiche doit être faite, en termes identiques, sur le registre des publications, sans addition de quoi que ce soit, avant ni après.

8° Lorsque l'affiche est sur papier libre, il y a lieu de mettre, à la place ordinaire du timbre, la mention «*Loi du 10 décembre 1850*» et non pas «*Mariage entre indigents*».

CHAPITRE VII.

ACTES DE MARIAGE.

La Commission a pris, pour établir la formule-type de l'acte de mariage, le cas où la future épouse est mineure et où le futur époux a plus de trente ans révolus et où, pour ce dernier, depuis la loi du 21 juin 1907, le consentement des ascendants n'est plus nécessaire; dans ce même cas, le père et la mère du futur époux peuvent être témoins.

C'est surtout pour l'acte de mariage qu'il existait autrefois dans les communes de France une grande diversité de formules; la longueur pouvait en varier du simple au double suivant que l'officier de l'état civil tenait à être concis ou qu'il craignait d'omettre les énonciations se rattachant directement ou indirectement au but de l'acte qu'il rédigeait.

La Commission a pensé qu'il était de son devoir d'éliminer les énonciations superflues.

Plus l'acte de mariage est long, plus il risque de contenir d'erreurs et de nécessiter des suppressions, additions, modifications et renvois; en outre, plus il est long, moins sa vérification est facile. Elle a donc décidé de considérer comme limitative, sauf les cas exceptionnels, la liste des énonciations de l'acte de mariage qui figure à l'article 76 du Code civil.

Elle a arrêté ainsi qu'il suit la formule :

COMMUNE DE COGOLIN.

CANTON DE GRIMAUD.

Arrondissement de Draguignan (Var).

Le trente mai mil neuf cent vingt, seize heures trente minutes, devant Nous ont comparu publiquement en la maison commune : Frédéric Baptistin Beaumier, mécanicien, né à Fréjus (Var) le douze janvier mil huit cent quatre-vingt-neuf, trente et un ans, domicilié à Saint-Raphaël (Var), 3 avenue de la Gare, fils majeur de Ferdinand Beaumier, douanier, domicilié à Bormes (Var), et de Claire Bourreuilles, son épouse, décédée, d'une part, — et Rose Sylvie Brégonsul, dactylographe, née à Cogolin le six avril mil neuf cent, vingt ans, domiciliée à Cogolin, 14 rue Gambetta, fille mineure de Jérôme Brégonsul, décédé, et de Fanny Jeanne Brunet, sa veuve, sans profession, domiciliée à Cogolin, 14 rue Gambetta, présente et consentante, d'autre part; — aucune opposition n'existant.

La future épouse et sa mère déclarent qu'on doit attribuer à une erreur le fait que le père de la future épouse est prénommé Jérôme au lieu de Jérôme Luc dans son acte de décès.

Les futurs époux et la mère de l'épouse déclarent qu'il n'a pas été fait de contrat de mariage.

Frédéric Baptistin Beaumier et Rose Sylvie Brégonsul ont déclaré l'un après l'autre vouloir se prendre pour époux et Nous avons prononcé au nom de la Loi qu'ils sont unis par le mariage.

En présence de Léopold Louis Jugant, viticulteur à Gassin, et de Camille Rosalie Bret, sans profession, à Plan de la Tour, témoins majeurs, qui, lecture faite, ont signé avec les époux, la mère de l'épouse et Nous, Joseph Galfard, maire de Cogolin.

(Signatures.)

OBSERVATIONS.

A. — C'est intentionnellement qu'il n'est point parlé dans cet acte de la lecture faite aux époux des articles 212, 213 et 214 du Code civil. Cette lecture doit être faite, d'après l'article 75 du Code civil, mais l'article 76 ne prescrit pas que mention de la lecture doit être portée dans l'acte.

B. — Il en est de même de la lecture des pièces relatives à l'état des époux. Jadis, dans un grand nombre de départements, on pouvait lire aux actes de mariage la formule suivante : « *Les actes préliminaires produits par les époux sont :* ».

Ces mots et toute la liste qui suivait pourront être supprimés sans inconvénient; il suffira que les pièces soient jointes aux registres des mariages, lors de l'envoi annuel au greffe du double qui doit y être déposé, auquel on devra annexer un simple relevé sur papier libre des pièces non produites, sous cette forme :

INDICATION DES PIÈCES NON ANNEXÉES DONT LES ORIGINAUX OU LES TRANSCRIPTIONS EXISTENT DANS LES ARCHIVES DE NOTRE COMMUNE.

1° Naissance de l'époux... 12 juillet 1875.

2° Transcription du jugement de divorce de l'époux... 5 mai 1912.

3° Décès du premier mari de l'épouse... 26 avril 1916.

C. — Il est inutile d'indiquer le lieu et la date du décès des père et mère.

D. — L'article 76, 3°, apporte une exception à la règle générale de l'article 34 et dispense d'énoncer l'âge des père et mère.

E. — L'âge des époux doit être indiqué d'abord par leurs dates et lieux de naissance, puis par leur nombre d'années révolues.

F. — Si les père et mère de l'un des futurs époux ont même domicile, on indiquera ce domicile commun par la formule « *domiciliés à* ... » et non « *domiciliés ensemble à* ... ».

G. — La loi du 21 juin 1907, modifiant l'article 76 du Code civil, a décidé que l'acte de mariage ne mentionnerait plus la publication préalable.

G *bis*. — Par voie de conséquence, il n'y a pas lieu de mentionner, dans l'acte de mariage, la dispense de publication et de tout délai prévue par l'article 169 du Code civil; la comparaison entre le registre des publications et le registre des mariages suffira, la dispense accordée par le procureur de la République étant jointe au dossier du mariage.

H. — Lorsque les futurs époux ont plus de trente ans, rien dans la rédaction de l'acte de mariage ne devra indiquer le consentement de leurs pères et mères. Il en est de même s'ils ont plus de vingt et un ans et qu'ils se marient pour la seconde ou la troisième fois (loi du 9 août 1919).

Lorsqu'ils ont plus de vingt et un ans, il n'y aura jamais lieu d'indiquer quels sont leurs grands-parents.

I. — Il n'y aura lieu de mentionner la situation militaire du futur époux que si celui-ci, soit comme officier, soit comme sous-officier, soldat ou marin en activité de service, doit produire l'autorisation de ses supérieurs hiérarchiques à son mariage. (Décret du 7 mars 1919.)

Lorsque des pièces produites par le futur époux résultera la preuve que cette autorisation n'est pas nécessaire, l'acte de mariage n'y fera point allusion.

J. — Il est inutile d'énoncer dans l'acte de mariage que les pièces produites ont été paraphées par le maire et les parties intéressées.

K. — Les témoins du mariage sont au nombre de deux : il n'y a lieu d'indiquer ni leur parenté ou alliance avec les époux, ni leur âge, mais seulement leur qualité de majeurs.

FORMULE DE CONSENTEMENT AU MARIAGE DONNÉ DEVANT L'OFFICIER DE L'ÉTAT CIVIL PAR L'ASCENDANT QUI NE PEUT ASSISTER À LA CÉLÉBRATION.

Le onze juin mil neuf cent vingt, neuf heures vingt minutes, devant Nous, Vincent Guichard, maire de Rouen, Frédéric Louis Gentil et Mariette Claire Dahy, son épouse, marchands de couleurs, domiciliés 22 rue des Carmes, à Rouen, ont déclaré consentir au mariage que Edmond Tristan Gentil, leur fils, sculpteur, domicilié 17 avenue de la Reine, à Versailles, se propose de contracter avec Emma Censier, miniaturiste, domiciliée 265 avenue du Maine, à Paris. En présence de ... (désignation des deux témoins). Et Nous avons signé, après lecture, avec les déclarants et les témoins.

(Signatures.)

I. — Cet acte est dressé sur une feuille volante ; il n'est pas transcrit sur un registre.

II. — Depuis la loi du 2 août 1902, modifiant la loi du 25 ventôse an XI, les notaires qui reçoivent de tels consentements peuvent le faire sans l'assistance d'un notaire en second ou de témoins. Par conséquent, la présence de témoins ne sera pas nécessaire lorsque l'officier de l'état civil n'aura aucun doute sur l'identité du ou des déclarants.

III. — En cas de refus au consentement au mariage d'un enfant mineur, la seule modification à faire à la formule ci-dessus consistera dans la substitution des mots «*déclaré ne pas consentir*» aux mots «*déclaré consentir*» (art. 148 du Code civil, loi du 10 mars 1913).

ACTE DE MARIAGE.

Formules pour divers cas spéciaux.

XVIIIe ARRONDISSEMENT
DE PARIS.

Le trente et un mai mil neuf cent vingt, onze heures, . . .

MARIAGE À LA MAIRIE.

devant Nous ont comparu publiquement en la maison commune. . .

MARIAGE À DOMICILE.

A. — Le futur époux est en péril de mort imminent :

. . . Nous nous sommes transporté au n° 15 de la rue Lepic, sur le vu d'un certificat de M. Galici, docteur en médecine, pour procéder au mariage de Jean Léon Lucien Baugy, etc. (profession, âge, domicile et filiation du futur époux), et de . . . (énonciations relatives à la future épouse). Nous avons alors fait ouvrir les portes de la maison en vue de célébrer publiquement ledit mariage. Les futurs époux déclarent qu'il n'a pas été fait de contrat de mariage, etc.

B. — Les futurs époux ne peuvent se rendre à la mairie par suite d'un empêchement grave :

. . . Nous nous sommes transporté au n° 15 de la rue Lepic, sur la réquisition de M. le Procureur de la République, pour procéder au mariage de. . . (le reste comme ci-dessus).

REPRISE DE L'ACTE DE MARIAGE CÉLÉBRÉ À LA MAIRIE.

... Jean Léon Lucien Baugy, commis-libraire, né à Varengeville-sur-Mer (Seine-Inférieure), le douze juillet mil huit cent quatre-vingt-dix, vingt-neuf ans, ..

Ajouter, lorsque l'acte de naissance n'a pas été produit :

... ainsi qu'il résulte d'un acte de notoriété, ..

Dispense d'âge :

... autorisé par décret accordant dispense d'âge, ..

Résidence et domicile confondus.	domicilié 15 rue Lepic, à Paris.
Résidence différant du domicile.	domicilié à Varengeville-sur-Mer et résidant 15 rue Lepic, à Paris.

fils { majeur *ou* mineur } de

A.

Le futur époux est un enfant légitime; les père et mère sont tous deux en état de manifester leur consentement.

1° Parents présents et consentants :

... Ferdinand Baugy, cultivateur, et de Louise Amélie Geoffroy, son épouse, sans profession, domiciliés à Varengeville-sur-Mer, présents et consentants...

2° Parents consentants, mais non présents :

... Ferdinand Baugy, etc. (comme ci-dessus), domiciliés à Varengeville-sur-Mer, consentants par acte authentique...

3° Le futur époux a moins de 21 ans; le père consent au mariage, non la mère (art. 148 du Code civil, loi du 10 mars 1913) :

... Ferdinand Baugy, cultivateur, domicilié à Varengeville-sur-Mer, présent et consentant, et de Louise Amélie Geoffroy, son épouse, sans profession, également domiciliée à Varengeville-sur-Mer...

(Voir explication 2 ci-dessous.)

4° Le futur a plus de 21 ans et moins de 30 ans, il se

marie pour la première fois, les père et mère ne consentent pas au mariage :

... Ferdinand Baugy, cultivateur, et de Louise Amélie Geoffroy, son épouse, sans profession, domiciliés à Varengeville-sur-Mer...

5° Le futur époux a moins de 21 ans, ses parents sont divorcés, le divorce a été prononcé au profit de la mère, à laquelle a été confiée la garde des enfants. La mère consent au mariage, non le père (art. 152, alinéa 1er) :

... Ferdinand Baugy, cultivateur, domicilié à Varengeville-sur-Mer, et de Louise Amélie Geoffroy, son épouse, domiciliée à Saint-Martin-de-Valamas (Ardèche), présente et consentante...

6° Le futur époux est mineur, les parents sont divorcés, le tribunal a autorisé le mariage (article 152, alinéa 2) :

... Ferdinand Baugy, cultivateur, domicilié à Varengeville-sur-Mer, et de Louise-Amélie Geoffroy, son épouse, sans profession, domiciliée à Saint-Martin-de-Valamas (Ardèche), autorisé par jugement du tribunal civil de Dieppe...

B

Le futur époux est un enfant légitime, le père seul ou la mère seule peut manifester son consentement.

7° Père décédé :

... Ferdinand Baugy, décédé, et de Louise Amélie Geoffroy, sa veuve, sans profession, domiciliée à Varengeville-sur-Mer, présente et consentante...

8° Père aliéné ou déchu de la puissance paternelle :

... Ferdinand Baugy, sans profession, domicilié à Villejuif (Seine), et de Louise Amélie Geoffroy, son épouse, sans profession, domiciliée 12 boulevard Thiers, à Montreuil (Seine), présente et consentante...

C

Le futur époux, enfant légitime, a moins de 21 ans, les parents sont décédés, il reste encore des ascendants au 2e degré.

9° Les quatre grands-parents sont présents et consentants :

... Ferdinand Baugy et de Louise Amélie Geoffroy, époux décédés, petit-fils, du côté paternel, de Joseph Baugy, horticulteur, et de Mariette Point, son épouse, sans profession, domiciliés à Varengeville-sur-Mer, et, du côté maternel, de Félicien Godin, meunier, et de Félicie Euphrasie Orradoux, son épouse, sans profession, domiciliés à Margon (Eure-et-Loir), tous quatre présents et consentants...

10° Les grands-parents paternels sont décédés ; le grand-père maternel consent au mariage, non la grand'mère :

... Ferdinand Baugy et de Louise Amélie Geoffroy, son épouse, tous deux décédés, sans autre ascendant survivant que Félicien Godin, aïeul maternel, meunier, domicilié à Margon (Eure-et Loir), présent et consentant, et Félicie Euphrasie Orradoux, son épouse, sans profession, également domiciliée à Margon...

11° Il ne reste plus qu'un ascendant dans chaque ligne, il y a dissentiment entre eux :

... Ferdinand Baugy et de Louise Amélie Geoffroy, époux décédés, sans autre ascendant survivant que Joseph Baugy, aïeul paternel, sans profession, domicilié à Varengeville-sur-Mer et Félicie Euphrasie Orradoux, veuve Godin, aïeule maternelle, sans profession, domiciliée à Margon (Eure-et-Loir), présente et consentante...

D

Le futur époux est un enfant légitime, il a moins de 21 ans, tous ses ascendants sont décédés ou disparus.

12° Ascendants décédés :

... Ferdinand Baugy et de Louise Amélie Geoffroy, son épouse, tous deux décédés, autorisé par délibération de son conseil de famille...

13° Ascendants disparus (art. 160 du Code civil, loi du 10 mars 1913) :

... Ferdinand Baugy et de Louise Amélie Geoffroy, son épouse, tous deux disparus, autorisé par délibération de son conseil de famille...

E

Le futur époux est un enfant naturel.

14° Il a été reconnu par son père et par sa mère, qui consentent au mariage :

... Ferdinand Baugy, etc. (la formule est la même que la formule 1°, les mots «son épouse» étant supprimés)...

15° Il a moins de 21 ans ; celui de ses père et mère qui a sur lui l'exercice de la puissance paternelle consent au mariage, non l'autre (art. 383, alinéa 1er, du Code civil) :

... Ferdinand Baugy, etc. (la formule est la même que les formules 3° et 5°, les mots « son épouse » étant supprimés)...

16° Il n'a été reconnu que par sa mère :

... Louise Amélie Baugy, journalière, domiciliée à Varengeville-sur-Mer, présente et consentante...

17° Il n'a été reconnu que par son père et la mère n'est pas désignée dans l'acte de naissance :

... Ferdinand Baugy, cultivateur, domicilié à Varengeville-sur-Mer, présent et consentant...

18° Il a plus de 21 ans et il n'a pas été reconnu :

... père et mère non dénommés...

19° Il a plus de 21 ans, n'a pas été reconnu, le nom de sa mère figure dans son acte de naissance :

... Louise Amélie Baugy, journalière, domiciliée à Varengeville-sur-Mer...

20° Il a moins de 21 ans et n'a point été reconnu (art. 159 et 389 du Code civil) ou, s'il a été reconnu, ses parents sont décédés :

(indiquer la filiation comme aux nos 14, 16, 17, 18 et 19 ci-dessus et ajouter) :... autorisé par jugement du tribunal civil de la Seine...

21° Il a moins de 21 ans, l'ascendant ou les ascendants qui l'ont reconnu ont disparu (art. 160 du Code civil, loi du 10 mars 1913) :

... { Ferdinand Baugy, disparu, ...
Ferdinand Baugy et de Louise Amélie Geoffroy, disparus,...
Louise Amélie Geoffroy, disparue, } autorisé par jugement du tribunal civil de la Seine...

22° Il a moins de 21 ans, il est pupille de l'Assistance publique (art. 13 de la loi du 27 juin 1904) :

(indiquer la filiation comme ci-dessus et ajouter :)... autorisé par le conseil de famille de l'Assistance publique des Alpes-Maritimes...

F

Le futur époux a plus de 21 ans et moins de 30 ans, il se marie pour la première fois et il ignore le lieu du décès ou du dernier domicile de ses père et mère.

(Art. 155 du Code civil.)

23° Il y a un jugement déclarant l'absence des parents :

...Ferdinand Baugy, cultivateur, et de Louise Amélie Geoffroy, son épouse, sans profession, absents, déclarés tels par un jugement du tribunal civil de Dieppe...

24° Il y a un jugement ordonnant l'enquête sur l'absence des parents :

...Ferdinand Baugy, cultivateur, et de Louise Amélie Geoffroy, son épouse, sans profession, absents, ainsi qu'il résulte d'un jugement du tribunal civil de Dieppe qui a ordonné l'enquête...

25° Il y a un acte de notoriété :

...Ferdinand Baugy [comme ci-dessus], sans profession, absents, ainsi qu'il résulte d'un acte de notoriété dressé par le juge de paix d'Offranville (Seine-Inférieure)...

26° Le décès des père et mère est attesté par les grands-parents :

...Ferdinand Baugy et de Louise Amélie Geoffroy, son épouse, petit-fils, du côté paternel, de Mariette Point, veuve Baugy, sans profession, domiciliée à Varengeville-sur-Mer (Seine-Inférieure), et, du côté maternel, de Félicie Euphrasie Orradoux, veuve Godin, sans profession, domiciliée à Margon (Eure-et-Loir), lesquelles nous ont attesté le décès des père et mère...

27° Serment du futur époux :

...Ferdinand Baugy et de Louise Amélie Geoffroy, son épouse, lequel a déclaré, sous serment, que le lieu du décès et celui du dernier domicile de ses père et mère lui sont inconnus...

SUITE DE L'ACTE DE MARIAGE.

...veuf de Rosalie Cordier depuis le cinq mai mil huit cent quatre-vingt-quinze...

ou

...veuf, en premières noces, de Rosalie Cordier, et, en secondes noces, de Juliette Jeanne Louise Aubenizel depuis le cinq mai mil huit cent quatre-vingt-dix-neuf...

ou

...divorcé de Rosalie Cordier depuis le cinq mai mil neuf cent neuf...

(Voir observation 8 ci-dessous.)

Le futur époux est soldat ou sous-officier, régi par le décret du 7 mars 1919 :

...autorisé par décision du conseil d'administration de son { régiment... / corps...

Il est officier :

...autorisé par { le général commandant le XIe corps d'armée, / le Ministre de la Guerre, / le Ministre de la Marine,

d'une part,

Et... (énonciations relatives à la future épouse),
d'autre part;...

Aucune opposition n'a été signifiée ou mainlevée a été donnée de l'opposition :

...aucune opposition n'existant.

Il y a une opposition irrégulière qui ne peut retarder la célébration :

...Il n'existe aucune opposition pouvant empêcher le mariage.

Dispense de parenté (oncle, nièce; tante, neveu) ou d'alliance [après divorce] (beau-frère, belle-sœur) [art. 162, 163, 164 du Code civil, loi du 1er juillet 1914] :

...Les futurs époux sont autorisés par décret accordant dispense { de parenté... / d'alliance...

Erreur orthographique ou omission (art. 75, § 5, du Code civil, loi du 9 août 1919) :

1° Le futur époux est mineur, ses père et mère assistent à la célébration du mariage :

Le futur époux et ses père et mère attestent qu'on doit attribuer à { une omission *ou* une erreur }

le fait que { le prénom de Marius ne figure pas à l'acte de naïssance du futur époux dans la désignation de son père, alors qu'il figure à l'acte de naissance de ce dernier... *ou* le nom de Baugy a été orthographié Beaugy dans l'acte de naissance du futur époux, alors qu'il est régulièrement orthographié Baugy dans celui de son père... }

2° Les père et mère du futur époux attestent dans l'acte de consentement ci-annexé qu'on doit attribuer, etc. (*Le reste comme ci-dessus.*)

3° Il résulte du procès-verbal du conseil de famille ayant autorisé au mariage le futur époux qu'on doit attribuer, etc.

4° Il résulte du consentement au mariage donné par le tribunal civil de la Seine qu'on doit attribuer, etc. (*Le reste comme ci-dessus.*)

5° Le futur époux est majeur :

Le futur époux atteste qu'on doit attribuer, etc.

Le futur époux est mineur, ses père et mère assistent à la célébration du mariage, la future épouse est majeure :

Les futurs époux, ainsi que les père et mère du futur époux, déclarent...

Les futurs époux sont majeurs :

Les futurs époux déclarent...

Pas de contrat de mariage.	...qu'il n'a pas été fait de contrat de mariage.
Contrat de mariage.	...qu'un contrat de mariage a été reçu le seize avril mil neuf cent vingt par Maître Dollon, notaire à Offranville...

Jean Léon Lucien Baugy et Juliette Léonie Périnet ont déclaré l'un après l'autre vouloir se prendre pour époux et Nous avons prononcé, au nom de la Loi, qu'ils sont unis par le mariage.

En présence de Léon Félix Gatron, tonnelier, 5 rue Damesme, et de Maria Léonie Démas, institutrice, 17 rue des Petits-Champs, témoins majeurs, qui, lecture faite, ont signé avec les époux...

Si les époux ont moins de trente ans et se marient pour la première fois :

...leurs pères et mères...
...et Nous, Paul Frédéric Millat, adjoint au maire du dix-huitième arrondissement de Paris.

L'épouse a vingt ans, l'époux trente et un ans, ses père et mère sont témoins du mariage :

En présence des père et mère de l'époux, témoins majeurs, qui, lecture faite, ont signé avec les époux, les père et mère de l'épouse et Nous, Paul Frédéric Millat, etc.

Si l'une des personnes ci-dessus énumérées ne sait pas signer :

...témoins majeurs. Lecture faite, les époux, leurs pères et mères et le premier témoin ont signé avec Nous, Paul Frédéric Millat, adjoint au maire du XVIIIe arrondissement de Paris, le second témoin ayant déclaré ne savoir signer.

Si l'une des personnes ci-dessus énumérées ne peut pas signer :

...témoins majeurs, qui, lecture faite, ont signé avec les époux, la mère de l'époux, les père et mère de l'épouse, et Nous, Paul Frédéric Millat, adjoint au maire du XVIIIe arrondissement de Paris, le père de l'époux ayant déclaré ne pouvoir signer pour cause d'infirmité.

Ces formules demandent quelques explications :

1° Lorsqu'un des ascendants consent au mariage, mais n'est pas présent à la célébration, il n'est pas nécessaire d'indiquer dans l'acte si le consentement a été rédigé par un notaire ou par un officier de l'état civil, ni à quelle date. Il suffit de joindre au dossier du mariage le consentement reçu en brevet. L'expression «*consentant par acte authentique*» s'applique aussi bien si le consentement a été reçu par un officier de l'état civil que s'il l'a été par un notaire.

2° Si le refus de consentement de l'un des ascendants a nécessité une notification par notaire, il n'y a pas lieu (loi du 9 août 1919) de faire mention de cette notification dans l'acte de mariage : il suffira que la notification elle-même soit jointe au dossier du mariage.

Par analogie, on devra passer sous silence les causes qui dispensent de produire l'acte de consentement des père et mère, lorsque ces causes sont de nature à préjudicier aux futurs époux (ascendant aliéné ou déchu de la puissance paternelle).

Dans le cas, prévu par la loi du 10 mars 1913, où l'un des futurs époux est mineur et où sa mère, présente à la célébration du mariage, refuse verbalement son consentement, il y aura lieu d'indiquer dans l'acte : « . . . *présente et non consentante* . . . », aucune pièce du dossier ne pouvant alors expliquer le défaut de consentement.

3° Lorsqu'un enfant légitime se marie avec le consentement du conseil de famille, il est inutile d'énumérer les grands-parents et de dire qu'ils sont décédés, puisque cette double énonciation se trouve nécessairement dans la délibération du conseil de famille jointe au dossier du mariage.

A la différence du serment prêté par les majeurs relativement à l'ignorance où ils sont du lieu du décès ou du dernier domicile de leur père et mère (art. 155 du Code civil, dernier alinéa), le même serment prêté par les mineurs (art. 160 du Code civil, loi du 10 mars 1913) ne doit pas être mentionné dans l'acte de mariage. En effet, ce serment n'est pas prêté devant l'officier de l'état civil et il est déjà mentionné dans le procès-verbal du conseil de famille ou le jugement du tribunal civil accordant l'autorisation au mariage et annexés au dossier du mariage.

4° *Les actes de naissance* délivrés par les autorités étrangères, les actes de décès et de transcription de divorce sont valables quelle que soit la date de leur délivrance.

Le délai de trois mois imparti par l'article 70 du Code civil ne s'applique qu'aux *actes de naissance* délivrés en France et celui de six mois qu'à ceux qui ont été délivrés dans une colonie ou dans un consulat.

5° Il est inutile d'indiquer que le futur époux est célibataire, lorsqu'il résulte de l'acte de mariage qu'il n'est ni veuf ni divorcé. Lorsqu'il est divorcé, la pièce qu'il doit fournir à l'officier de l'état civil qui célébrera son second mariage est la copie de la transcription du jugement de divorce sur le registre des mariages et non pas l'acte de son premier mariage mentionnant en marge cette transcription.

6° Tant dans la publication que dans l'acte de mariage, il ne doit pas être parlé de « domicile de droit » et de « domicile de fait ». Le domicile peut ne pas coïncider avec la résidence, mais, d'après l'article 102 du Code civil, tout Français ne peut avoir qu'un seul domicile.

7° La légitimation des enfants naturels ne peut jamais avoir lieu dans l'acte de célébration du mariage, mais toujours par acte séparé, comme il a été expliqué plus haut (voir chap. IV).

8° La date du divorce indiquée dans l'acte du second mariage des divorcés et divorcées sera, en principe, celle de la transcription du jugement de divorce, la seule que puisse aisément connaître l'officier de l'état civil qui célébrera le nouveau mariage; toutefois, aux termes de l'article 252 nouveau du Code civil (loi du 26 juin 1919), l'époux pourra exiger que la date insérée dans l'acte de mariage soit celle à laquelle le jugement de divorce a acquis l'autorité de la chose jugée. Ce sera à lui alors de prouver qu'à telle date ce jugement était devenu définitif.

CERTIFICAT DE CÉLÉBRATION CIVILE.

COMMUNE ET CANTON
de
SALLANCHES.
—
Arrondissement
de
Bonneville (Haute-Savoie).

Le mariage de Michel-Grégoire Gastemiel et de Sabine Houlauve a été célébré en cette mairie aujourd'hui onze novembre mil neuf cent vingt.

Le maire,
(Signature.)

Observation. — Le certificat de célébration civile, dont le seul but est de garantir le ministre du culte contre l'éventualité de poursuites fondées sur les articles 199 et 200 du Code pénal, ne doit énoncer ni les âges, professions, domiciles et filiation des époux, ni leurs mariages antérieurs.

CHAPITRE VIII.

TRANSCRIPTIONS.

Les transcriptions sur les registres de l'état civil se rapportent soit à des actes de l'état civil déjà dressés ailleurs, soit à des oppositions aux mariages ou à des mainlevées desdites oppositions, soit à des décisions de justice.

1re Catégorie. — A. Transcription d'un acte de mariage célébré à l'étranger (art. 171 du Code civil) :

Le douze avril mil neuf cent vingt, Paul, etc. (prénoms, noms, âge, profession et domicile) Nous a requis de transcrire l'acte de mariage suivant :

(Suit la transcription.)

Transcrit le jour susdit, onze heures, par Nous, Armand Colas, maire de Longchaumois.

(Signature.)

La même formule sera employée lorsque la transcription d'un acte de naissance ou de décès sera faite à la requête d'une personne intéressée. (Circulaire du Garde des Sceaux du 11 mai 1875.)

Elle sera encore employée lorsque l'acte à transcrire à la requête de la personne intéressée n'est pas un acte de l'état civil déjà reçu ailleurs (ex. : transcription d'un acte notarié d'acceptation d'adoption testamentaire, Villejuif (Seine), le 27 décembre 1906).

B. Si la transcription d'un acte de décès a lieu conformément aux prescriptions des articles 80, 86, § 3, et 94 du Code civil, la formule sera :

(Transcription de l'acte de décès.)

Transcrit le douze avril mil neuf cent vingt, onze heures, par Nous, etc.

La formule sera la même pour la transcription des actes de naissance prévue par l'article 60, § 3, et pour celle des actes de reconnaissance d'enfant naturel prévue par l'article 98, § 2, du Code civil.

Observation. — La transcription des actes de naissance, reconnaissance, mariage ou décès devra être précédée de l'énumération des indications géographiques relatives à la commune où l'acte a été primitivement reçu.

C. Formule de transcription d'une mention rectificative ou additive, alors que l'acte de décès rectifié administrativement a déjà été dressé sur les registres de la même commune (Loi du 18 avril 1918 et circulaire ministérielle du 27 avril 1918) :

La mention	rectificative *ou* additive	ci-dessous se
réfère	à l'acte de décès *ou* au jugement déclaratif de décès	de
X...	dressé *ou* transcrit	le quatorze juillet mil neuf cent quinze

sous le numéro 1577 (suit : la copie de la mention).

Le maire,
(Signature.)

2e Catégorie. — D'après l'article 67 du Code civil, l'inscription des oppositions à mariage sur les registres des publications doit être réduite à une mention sommaire; la formule sera donc :

COMMUNE DE NANTERRE,
—
CANTON DE PUTEAUX.
—
Département de la Seine.

Le premier février mil neuf cent vingt, opposition au mariage de Claude Lucien Levaillé et de Simone Juliette Laurent par Louis François Laurent, cinquante-sept ans, sellier, demeurant 63 boulevard du Midi, à Nanterre, père de ladite Simone Juliette Laurent, Nous a été signifiée et a été inscrite par Nous, Jean Jérôme Bourgogne, maire de Nanterre.

(Signature du maire.)

Observations. — Il est inutile de reproduire les professions, domiciles et résidences des futurs époux, non plus que leurs qualités de majeurs ou de mineurs, ces renseignements se trouvant déjà dans l'acte de publication, en marge duquel devra être portée une référence à l'inscription de l'acte d'opposition.

L'inscription de mainlevée d'opposition sera, elle aussi, à plus forte raison, réduite à une mention sommaire. Si la mainlevée est amiable, la formule sera :

L'opposition formée au mariage de Claude Lucien Levaillé et de Simone Juliette Laurent par Louis François Laurent a été levée par acte à Nous signifié aujourd'hui onze février mil neuf cent vingt et inscrit par Nous, Jean Jérôme Bourgogne, maire de Nanterre.

(Signature du maire.)

Si la mainlevée est judiciaire, la formule sera :

L'opposition formée au mariage de Claude Lucien Levaillé et de Simone Juliette Laurent par Louis François Laurent a été levée par jugement du Tribunal civil de la Seine (arrêt de la Cour d'appel de Paris) à Nous signifié, etc.

3e Catégorie. — Transcription d'ordonnances, jugements ou arrêts.

Depuis la loi du 20 novembre 1919, la transcription des ordonnances, jugements et arrêts est limitée à leur dispositif[1] (art. 858 du Code de procédure civile).

Exemple :

COMMUNE DE SAINT-AGRÈVE.

CANTON DE SAINT-AGRÈVE.

Arrondissement de Tournon.

Département de l'Ardèche.

Vu la signification à Nous faite le onze juin mil neuf cent vingt : 1° de la grosse d'un jugement (*ou arrêt*), rendu par le Tribunal civil d'Alais (*ou la Cour d'appel de Nîmes*), à la date du vingt et un mars mil neuf cent vingt, et 2° des certificats exigés par l'article 252 du Code civil, Nous transcrivons ici le dispositif dudit jugement (*ou arrêt*) : «... Par ces motifs, le Tribunal (*ou la Cour*) prononce le divorce, à la requête et au profit

[1] Pour les jugements et arrêts rendus avant la promulgation de la loi du 20 novembre 1919, la première édition du Formulaire général (janvier 1913) reste en vigueur.

du mari, entre les époux Jean Louis Gengoux et Élisabeth Léontine Carles, mariés à Saint-Agrève le vingt-huit juin mil huit cent quatre-vingt-dix-sept».

Transcrit le douze juin mil neuf cent-vingt, seize heures, par Nous, Sébastien Pouchin, maire de Saint-Agrève.

Variante :

«... prononce le divorce aux torts respectifs des époux Jean Louis Gengoux et Élisabeth ..., etc.».

Observations. — 1° La transcription des jugements et arrêts de divorce, depuis la loi du 26 juin 1919, se fait *dans les cinq jours* de la signification, non compris les jours fériés, et non plus *le cinquième jour*. Elle ne doit porter que sur le prononcé du divorce et non sur les parties du dispositif concernant la liquidation du régime matrimonial, la garde des enfants, la pension alimentaire et les dépens du procès. La disposition relative à la garde des enfants ne doit pas être transcrite, malgré l'intérêt qu'elle présente pour l'officier de l'état civil en raison de l'article 152 du Code civil, parce qu'elle n'a qu'un caractère provisoire et que souvent elle est modifiée par un jugement ultérieur. La date de l'ordonnance de non-conciliation, que l'officier de l'état civil aurait intérêt à connaître, pour l'application des articles 296, 313 et 331 du Code civil, n'est pas indiquée dans le dispositif du jugement.

2° Si les deux époux ont demandé, l'un le divorce et l'autre la séparation de corps, et si le tribunal a accueilli les deux demandes par un seul et même jugement, la transcription ne doit porter que sur le divorce.

3° Si les deux époux ont demandé le divorce l'un contre l'autre et que le tribunal, par un seul et même jugement, a accueilli l'une des demandes et rejeté l'autre, la transcription ne doit porter que sur la demande accueillie.

4° La formule est la même pour tous les jugements signifiés par ministère d'huissier, tels que désaveux de paternité, déclarations judiciaires de paternité ou de maternité naturelle, déclarations judiciaires de légitimation (art. 331, § 2, du Code civil), annulations de mariage ou de reconnaissance d'enfants naturels, etc.

Toutefois, l'article 548 du Code de procédure civile sera visé, et non pas l'article 252 du Code civil, spécial au divorce, en ce qui concerne les certificats annexés à la signification.

5° Si un jugement par défaut est confirmé sur opposition, la formule sera :

« Vu la signification à Nous faite le dix-neuf juillet mil neuf cent vingt, 1° des grosses de deux jugements rendus par le tribunal civil de Marennes, l'un, par défaut, à la date du vingt et un décembre mil neuf cent dix-neuf, l'autre, confirmant le précédent, à la date du deux avril mil neuf cent vingt; 2° des certificats exigés, etc. ».

Il suffit dans ce cas de transcrire le dispositif du premier jugement. Il en est de même lorsqu'un arrêt de la Cour d'appel confirme purement et simplement un jugement du tribunal civil sans en reproduire le dispositif.

6° Les actes de l'état civil peuvent être rectifiés par ordonnances, jugements, ou arrêts, lesquels ne sont pas signifiés à l'officier de l'état civil par huissier, mais transmis par le procureur de la République (art. 99 à 101 du Code civil).

La formule sera :

1° Pour les jugements et arrêts :

« Vu la grosse à Nous remise le onze juin mil neuf cent vingt, Nous transcrivons ici le dispositif d'un jugement (*ou arrêt*) rendu par le tribunal civil d'Alais (*ou la Cour d'appel de Nîmes*) à la date du vingt-deux mars mil neuf cent vingt... (*le reste comme ci-dessus*) ».

2° Pour les ordonnances :

« Vu la grosse à Nous remise le onze juin mil neuf cent vingt, Nous transcrivons ici le dispositif d'une ordonnance rendue, le trente mars mil neuf cent vingt, par M. le président du tribunal civil de Péronne : « Nous, président du tribunal civil... Par ces motifs, disons que le nom de Boullenger sera remplacé dans l'acte de décès dressé à Bray-sur-Somme le six décembre mil neuf cent dix-neuf par celui de Boulenger; ordonnons que la présente ordonnance sera transcrite sur les registres de l'année courante de la commune de Bray-sur-Somme, que mention de ladite rectification sera portée en marge de l'acte réformé, tant sur le registre conservé à la mairie de Bray-sur-Somme que sur le double déposé au greffe de notre tribunal et qu'expédition ne pourra désormais être délivrée sans contenir ladite rectification ».

Transcrit le onze juin mil neuf cent vingt, dix-sept heures, par Nous, Gustave Mousselot, maire de Bray-sur-Somme.

(Signature.)

7° Aux termes de l'article 357 du Code civil, le dispositif des arrêts d'adoption est invariable; l'officier de l'état civil trouvera les renseignements relatifs à l'état civil de l'adoptant et de l'adopté dans le certificat de l'avoué joint à l'arrêt.

La formule sera :

COMMUNE,
CANTON ET ARRONDISSEMENT
de
CLERMONT-FERRAND.
—
Département
du Puy-de-Dôme.

Vu l'expédition en forme d'un arrêt de la Cour de Riom en date du trente octobre mil neuf cent vingt, homologuant l'acte d'adoption de François Jean Bouve, né à Glaine-Montaigut (Puy-de-Dôme) le trois mars mil huit cent quatre-vingt-neuf, homme d'affaires, domicilié 16 rue Lamartine, à Clermont-Ferrand, par Jenny Marianne Rollin, veuve de Léopold Michel, née à Saint-Rémy-sur-Durolle (Puy-de-Dôme) le vingt-quatre novembre mil huit cent soixante-trois, sans profession, domiciliée 5 rue Blatin, à Clermont-Ferrand, Nous avons, à la réquisition de l'adoptante, en date du dix-huit novembre mil neuf cent vingt, transcrit ce qui suit : «La Cour décide qu'il y a lieu à l'adoption».

Transcrit le dix-huit novembre mil neuf cent vingt, dix-sept heures, par Nous, Félix Boyer, maire de Clermont-Ferrand.

(Signature.)

N. B. — Le requérant de la transcription peut être l'adoptant ou l'adopté (art. 359, alinéa 1er, du Code civil).

CHAPITRE IX.

MENTIONS EN MARGE.

A. — Mention du mariage en marge de l'acte de naissance :

Marié (e) à , le , avec .
Le mil neuf cent vingt.

Le maire (Le greffier),
(Signature.)

B. — Mention, en marge de l'acte de naissance, d'un

mariage célébré à l'étranger et transcrit en France (loi du 20 novembre 1919) :

Marié (e) à le avec ;
acte transcrit à le

Le mil neuf cent vingt.

Le maire (*Le greffier*),
(Signature.)

C. — Mention d'une reconnaissance d'enfant naturel résultant d'une déclaration faite devant un officier de l'état civil :

Reconnu (e) le à par .
Le mil neuf cent vingt.

Le maire (*Le greffier*),
(Signature.)

D. — Mention d'une reconnaissance résultant du consentement du parent naturel au mariage de son enfant :

Reconnu (e), dans son acte de mariage, le
à par .
Le mil neuf cent vingt.

Le maire (*Le greffier*),
(Signature.)

E. — Mention d'une reconnaissance reçue par un notaire :

Reconnu (e) le par , suivant acte reçu par Me X..., notaire à .
Le mil neuf cent vingt.

Le maire (*Le greffier*),
(Signature.)

Observation. — Cette formule suppose que la reconnaissance notariée signifiée à l'officier de l'état civil n'a pas été transcrite par lui avant d'être mentionnée en marge de l'acte de naissance de l'enfant :

F. — Mention de reconnaissance de paternité ou de maternité naturelle résultant d'un jugement :

Reconnu (e) par , en vertu d'un jugement (*arrêt*) rendu le par le tribunal civil (*la Cour d'appel*) de et transcrit le .

Le mil neuf cent vingt.

Le maire (*Le greffier*),
(Signature.)

G. — Mention, en marge de l'acte de naissance, d'une légitimation d'un enfant naturel précédemment reconnu par ses père et mère :

Légitimé (e) par le mariage de et de célébré à le .

Le mil neuf cent vingt.

Le maire (*Le greffier*),
(Signature.)

H. — Mention, en marge de l'acte de naissance, d'une légitimation d'enfant naturel reconnu par ses père et mère au moment même de la célébration de leur mariage :

Légitimé (e) par et par lors de leur mariage, célébré à le .

Le mil neuf cent vingt.

Le maire (*Le greffier*),
(Signature.)

I. — Mention, en marge de l'acte de naissance, d'une légitimation déclarée par jugement (art. 331 du Code civil, § 2, et loi du 7 avril 1917).

{ Fils / *ou* / Fille } légitimé (e) de et de , aux termes { d'un jugement du tribunal civil de ... / d'un arrêt de la Cour d'appel de ... } { rendu le ... et / transcrit le ... }

Le mil neuf cent vingt.

Le maire (*Le greffier*),
(Signature.)

J. — Mention, en marge de l'acte de naissance, d'une légitimation par application de l'article 6, § 2 (disposition transitoire), de la loi du 30 décembre 1915 :

Légitimé (e) par déclaration des époux Jules Benoit et Louise Durand, faite à la mairie du sixième arrondissement de Paris le ...

Le mil neuf cent vingt.

Le maire (*Le greffier*),
(Signature.)

K. — Mention, en marge de la publication d'un mariage, de l'interruption de l'affichage (loi du 9 août 1919) :

Publication interrompue le

Le mil neuf cent vingt.

Le maire,
(Signature.)

L. — Mention d'une opposition à mariage en marge de la publication.

Opposition inscrite le

Le mil neuf cent vingt.

Le maire (*Le greffier*),
(Signature.)

Observation. — Cette mention ne sera faite sur le registre unique des publications par le greffier que si le registre a été remis au greffe entre la publication et l'opposition.

M. — Mention de la mainlevée, judiciaire ou amiable, d'une opposition à mariage : 1° en marge de l'inscription de ladite opposition ; 2° en marge de la publication, sous la mention de l'opposition :

Mainlevée de l'opposition ci-dessus (*ou* ci-contre) inscrite le .

Le mil neuf cent vingt.

Le maire (*Le greffier*),
(Signature.)

Même observation.

N. — Mention de divorce en marge d'un acte de mariage ou de la transcription d'un acte de mariage célébré à l'étranger :

Mariage dissous par { jugement *ou* arrêt } de divorce rendu le

par { le tribunal civil *ou* la Cour d'appel } de et transcrit le .

Le mil neuf cent vingt.

Le maire (*Le greffier*),
(Signature.)

O. — Mention d'annulation d'un mariage :

Mariage annulé par { jugement *ou* arrêt } rendu le .

(La suite comme ci-dessus.)

P. — Mention d'adoption en marge de l'acte de naissance de l'enfant adopté :

Adopté (e) par , en vertu d'un arrêt rendu le par la Cour d'appel de et transcrit le à .

Le mil neuf cent vingt.

Le maire (*Le greffier*),
(Signature.)

Observation. — Il ne faut pas oublier que, d'après l'article 359 du Code civil, c'est au lieu du domicile de l'adoptant que se fait la transcription de l'arrêt d'adoption, alors que c'est en marge de l'acte de naissance de l'adopté que se fait la mention.

Q. — Pupille de la nation (loi du 27 juillet 1917) :

Adopté par la Nation en vertu d'un jugement rendu par le tribunal civil de le .

Le mil neuf cent vingt.

Le maire (*Le greffier*),
(Signature.)

Observation. — Cette mention n'est pas précédée de la transcription du jugement.

R. — Mention de la transcription d'un jugement rectificatif d'état civil en marge de l'acte rectifié :

Rectifié par { jugement du tribunal civil / *ou* / arrêt de la Cour d'appel } de ,
rendu le et transcrit le ,
en ce sens que .

Le mil neuf cent vingt.

Le maire (Le greffier),
(Signature.)

Observation. — Cette formule est applicable au désaveu de paternité.

R *bis*. — Rectification par ordonnance :

Rectifié par ordonnance du président du tribunal civil de , rendue le , et transcrite le , en ce sens que...

Le mil neuf cent vingt.

Le maire (Le greffier),
(Signature.)

S. — Mention, en marge d'un acte, de sa validation par jugement nonobstant le défaut d'une ou de plusieurs signatures :

Acte validé, malgré le défaut de signature du maire, par jugement du tribunal civil de , rendu le , et transcrit le .

Le mil neuf cent vingt.

Le maire (Le greffier),
(Signature.)

T. — Mention, en marge d'un acte de décès ou en marge de la transcription d'un jugement déclaratif de décès, de sa rectification administrative (loi du 18 avril 1918 et circulaire ministérielle du 27 avril 1918) :

Rectifié *ou* complété par mention transcrite le trente juin mil neuf cent vingt, sous le numéro 1321, en ce sens que, etc...

Le mil neuf cent vingt.

Le maire (Le greffier),
(Signature.)

U. — Mention de l'annulation d'une reconnaissance en marge de l'acte de reconnaissance.

La même formule doit être employée lorsque la reconnaissance est concomitante à l'acte de naissance :

Reconnaissance annulée par jugement du tribunal civil *ou* arrêt de la Cour d'appel de , rendu le et transcrit le .

Le mil neuf cent vingt.

Le maire (Le greffier),
(Signature.)

V. — Mention d'annulation d'une autre mention :

La mention ci-dessus a été annulée en exécution d'un jugement *ou* arrêt rendu le par le tribunal civil *ou* la Cour d'appel de et transcrit le .

Le mil neuf cent vingt.

Le maire (Le greffier),
(Signature.)

Observation. — Cette mention peut résulter soit d'un jugement annulant une reconnaissance d'enfant naturel (art. 339, Code civil), soit d'un jugement constatant qu'une mention a été apposée par erreur en marge d'un acte qu'elle ne concernait pas.

W. — Mention de changement de nom :

Autorisé à porter dorénavant le nom de Lafenestre-Girard, par jugement homologuant un décret, transcrit le seize avril mil neuf cent vingt.

Le mil neuf cent vingt.

Le maire (Le greffier),
(Signature.)

X. — Mention de réconciliation, en cas de séparation de corps, en marge de l'acte de mariage (art. 311 du Code civil) :

Les époux dont le mariage est constaté par l'acte ci-contre, après avoir été séparés de corps, se sont réconciliés par acte passé devant Me X..., notaire à .

Le mil neuf cent vingt.

Le maire (Le greffier),
(Signature.)

Y. — Mention sommaire d'intercalation indiquant la place d'un acte omis et établi par jugement :

N° 105 *bis*. — Laure Émilie Carpel, née le trente octobre mil neuf cent trois. (Voir acte n° 26 du trois mars mil neuf cent vingt.)

Le mil neuf cent vingt.

Le maire (Le greffier),
(Signature.)

CHAPITRE X.

CLÔTURE DES REGISTRES.

Les registres de l'état civil doivent être clos le 31 décembre et non le 1er janvier. Il est inutile d'ajouter « vingt-trois heures cinquante-neuf minutes », ce qui est invraisemblable. La clôture doit avoir lieu après le dernier acte et non à la dernière page du registre.

Il y a lieu de distinguer trois hypothèses :

A. Celle, la plus fréquente, où la commune possède quatre

registres séparés, naissances, décès, mariages et publications de mariage ;

B. Celle où la commune n'a qu'un seul registre pour les naissances, mariages et décès ;

C. Celle où, à raison de la très grande importance de la ville, il faut pour une seule année plusieurs registres destinés à recevoir des actes de même espèce.

FORMULE A.

Registre contenant neuf cent vingt et un actes de naissance et reconnaissance, clos et arrêté le trente et un décembre mil neuf cent vingt.

Le maire,
(Signature.)

Il est inutile de faire, dans le procès-verbal de clôture, le décompte des diverses espèces d'actes compris dans un même registre comme dans l'exemple ci-dessous :

...contenant cent cinquante-sept actes, savoir :

Actes de mariage, cent quarante et un, ci		141
Transcriptions	de jugements de divorce, treize, ci....	13
	de mariages célébrés à l'étranger, deux, ci..	2
	de jugement rectificatif, un, ci.......	1
	TOTAL..............	157

Un chiffre global suffit.

FORMULE B.

Registre contenant dix-sept actes de naissance et reconnaissance, neuf actes de mariage et transcriptions de divorces, et quinze actes de décès, clos et arrêté le trente et un décembre mil neuf cent vingt.

Le maire,
(Signature.)

Ici la division des actes en trois groupes est nécessaire, parce que les tables annuelles et décennales sont elles-mêmes divisées en trois.

FORMULE C.

Registre, formant la troisième partie de l'exercice courant et comprenant sept cent soixante-douze actes de décès, du numéro cinq cent quarante-quatre au numéro treize cent quinze inclus, clos et arrêté le dix-sept août mil neuf cent vingt.

Le maire
du XIe arrondissement de Paris,
(Signature.)

La clôture du registre en cours d'année à la suite d'un jugement ordonnant le déplacement et la communication au tribunal est tombée en désuétude depuis que les juges ont pris l'habitude de faire photographier la page du registre qui donne lieu au procès.

CHAPITRE XI.

COPIES DES ACTES.

1° Les copies (ou *expéditions* ou *extraits*) des actes de l'état civil doivent être faites sur *papier timbré*, sauf dans les cas limitativement énumérés par la circulaire du Garde des Sceaux du 1er mars 1913.

2° La légalisation des expéditions d'actes de l'état civil est, en principe, supprimée; elle ne subsiste que pour les actes délivrés par des autorités étrangères en vue d'être utilisés en France, ou, inversement, délivrés en France pour être produits devant des autorités étrangères. Encore y a-t-il lieu de remarquer : *a*) que des conventions internationales pourront, même dans ce cas, dispenser de la légalisation; *b*) que la légalisation n'est pas exigée au cas de mariage célébré à l'étranger par des autorités diplomatiques ou consulaires françaises.

3° Aux termes du dernier alinéa de l'article 45 du Code civil, les expéditions d'actes de l'état civil peuvent être délivrées sans que la liste des témoins ni celle des pièces produites à l'officier de l'état civil soient recopiées.

Exemple :

Transcription d'un jugement de divorce antérieure à la loi du 20 novembre 1919 (début) :

Sur les registres :

Vu la signification à Nous faite, le onze septembre mil neuf cent quinze : 1° de la grosse d'un jugement de divorce rendu par le tribunal civil d'Alais, à la date du vingt et un mai mil neuf cent quatorze, entre les époux Jean Louis Gengoux et Élisabeth Léontine Carles, mariés le vingt-huit juin mil neuf cent deux, et 2° des certificats exigés par l'article 252 du Code civil, Nous avons dudit jugement extrait ce qui suit :

Par ces motifs, etc.

Sur la copie :

D'un jugement de divorce, rendu par le tribunal civil d'Alais, à la date du vingt et un mai mil neuf cent quatorze, entre les époux Jean Louis Gengoux et Élisabeth Léontine Carles, mariés le vingt-huit juin mil neuf cent deux, Nous avons extrait ce qui suit :

Par ces motifs, etc.

Autre exemple :

ACTE DE NAISSANCE (fin).

Sur les registres :

En présence de Charles Nicolas Louis Fournier, cordonnier à Saint-Léonard-des-Bois, et de François Michel Lecomte, aubergiste à la Poôté, qui, lecture faite, ont signé avec le déclarant et Nous, Victor Alfred Duval, maire de Saint-Léonard-des-Bois.

Sur la copie :

Lecture faite, le déclarant et les témoins ont signé avec Nous, Victor Alfred Duval, maire de Saint-Léonard-des-Bois.

Dans toutes les copies, le *déclarant* de la naissance et les deux *déclarants* du décès doivent être indiqués.

4° Il ne devra être délivré de copies intégrales d'actes de naissance qu'aux personnes énumérées au deuxième alinéa de l'article 57 du Code civil.

5° Il en est de même en ce qui concerne les copies intégrales d'actes de mariage antérieurs à la loi du 30 décembre 1915 et contenant légitimation d'enfants naturels (art. 6, § 1er, de cette loi).

IMPRIMERIE NATIONALE. — 6-445. — 1920.

www.ingramcontent.com/pod-product-compliance
Ingram Content Group UK Ltd.
Pitfield, Milton Keynes, MK11 3LW, UK
UKHW032006260826
14628UKWH00005B/2318

9 782329 095264